LOS ANIMALES MÁS LETALES

EL OSO POLAR

Un libro de Las Ramas de Crabtree

Amy Culliford

Traducción de Santiago Ochoa

CRABTREE
Publishing Company
www.crabtreebooks.com

Apoyos de la escuela a los hogares para cuidadores y maestros

Este libro de gran interés está diseñado con temas atractivos para motivar a los estudiantes, a la vez que fomenta la fluidez, el vocabulario y el interés por la lectura. Las siguientes son algunas preguntas y actividades que ayudarán al lector a desarrollar sus habilidades de comprensión.

Antes de leer:

- *¿De qué creo que trata este libro?*
- *¿Qué sé sobre este tema?*
- *¿Qué quiero aprender sobre este tema?*
- *¿Por qué estoy leyendo este libro?*

Durante la lectura:

- *Me pregunto por qué...*
- *Tengo curiosidad por saber...*
- *¿En qué se parece esto a algo que ya conozco?*
- *¿Qué he aprendido hasta ahora?*

Después de la lectura:

- *¿Qué intentaba enseñarme el autor?*
- *¿Qué detalles recuerdo?*
- *¿Cómo me han ayudado las fotografías y los pies de foto a comprender mejor el libro?*
- *Vuelvo a leer el libro y busco las palabras del vocabulario.*
- *¿Qué preguntas me quedan?*

Actividades de extensión:

- *¿Cuál fue tu parte favorita del libro? Escribe un párrafo al respecto.*
- *Haz un dibujo de lo que más te gustó del libro.*

ÍNDICE

LOS OSOS POLARES

Los osos polares, a veces llamados osos marinos u osos blancos, están entre los osos más grandes del mundo. Son **depredadores tope**, lo que significa que no tienen verdaderos enemigos naturales.

Los osos polares son los más **carnívoros** de todos los osos. No comen casi nada más que carne. Los osos polares hambrientos son agresivos; esto los hace muy peligrosos.

Los osos polares son mamíferos marinos. Pasan gran parte de su vida cazando focas en el hielo marino.

HOGAR ÁRTICO

Los osos polares están estrechamente relacionados con los osos pardos. Pero, a diferencia de los osos pardos que vagan por los bosques, los osos polares viven en el hielo marino. Su **hábitat**

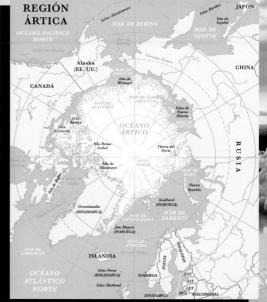

REGIÓN ÁRTICA

natural es el Ártico, la región alrededor del Polo Norte. Viven en Groenlandia, Noruega, Rusia, Alaska en Estados Unidos y Canadá.

Los osos polares evolucionaron a partir de los osos pardos hace cientos de miles de años. Con el tiempo se adaptaron a la vida en el helado Ártico.

Más de la mitad de la población mundial de osos polares vive en Canadá.

EL TAMAÑO DEL OSO POLAR

Los osos polares son enormes. Las hembras adultas pueden llegar a medir 8 pies (2.4 metros) de largo y pueden pesar más de 600 libras (272 kg).

Los machos pueden pesar más de 1 200 libras (544 kg). Miden más de 10 pies (3 metros) de longitud. ¡Imagínate cómo se ve un gran oso polar macho cuando se para sobre sus patas traseras, en comparación con un humano!

Los osos polares, en la naturaleza, viven aproximadamente 18 años; mientras que en cautiverio llegan a vivir hasta cerca de los 30 años.

EL PELAJE
DEL OSO POLAR

El pelaje del oso polar se ve blanco, grisáceo y a veces amarillo. Pero su pelaje es en realidad una masa de tubos transparentes y huecos. El aspecto blanco se debe a la forma en que la luz del Sol se dispersa en los tubos. Su pelaje es una **adaptación** que les ayuda a prosperar en su nevado hogar.

Dos capas de pelo mantienen caliente al oso polar en el aire frígido. Debajo, la piel negra absorbe los rayos del sol. Una gruesa capa de grasa, bajo la piel, lo mantiene caliente en el agua helada.

VIDA FAMILIAR

Los osos polares prefieren la vida **solitaria**. Sin embargo, los machos y las hembras se reúnen para **aparearse**. Después de unos ocho meses, las hembras embarazadas suelen dar a luz a dos cachorros. Pesan alrededor de una libra al nacer y son más pequeños que una hogaza de pan.

La leche materna ayuda a los cachorros a ganar peso rápidamente. Los cachorros permanecen con sus madres durante dos años aproximadamente. Las madres protegen a sus cachorros hasta que puedan valerse por sí mismos.

Antes de dar a luz, la osa polar cava una madriguera en la nieve. La guarida proporciona un lugar seguro para la madre y sus cachorros.

13

ARMAS LETALES

Los osos polares no serían cazadores exitosos sin su sentido del olfato. ¡Los investigadores creen que un oso polar puede oler a una foca en el hielo desde media milla (0.8 km) de distancia!

LA VISIÓN DEL OSO POLAR ES SIMILAR A LA NUESTRA, PERO SUS OJOS TIENEN UNA MEMBRANA QUE LOS PROTEGE DE LA DAÑINA LUZ ULTRAVIOLETA.

¡Las zarpas de los osos polares miden casi 12 pulgadas (31 cm) de ancho! Las enormes zarpas ayudan a distribuir el peso uniformemente sobre el hielo delgado. También son ideales para impulsarlos a través del agua.

Los osos polares tienen garras afiladas que pueden rasgar la piel de sus **presas**.

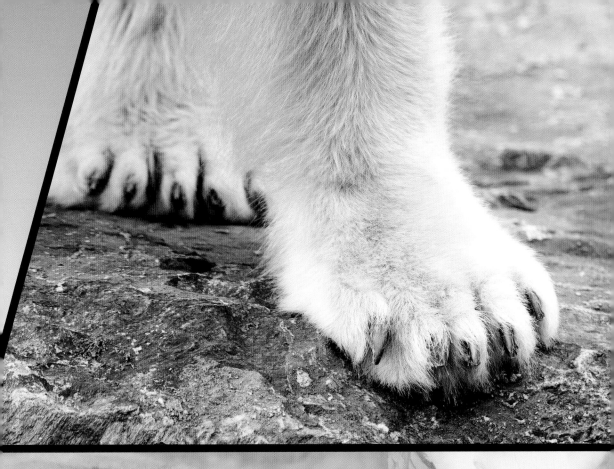

Los osos polares tienen una de las mordeduras más poderosas del reino animal. Sus fuertes mandíbulas y dientes afilados son perfectos para arrancar trozos de carne de sus víctimas.

El pelaje del oso polar es un tipo de **camuflaje** que se mezcla con la nieve. Esto hace que sea más fácil para ellos acercarse sigilosamente a una foca en reposo.

Usando sus fuertes antebrazos y las patas traseras, un oso cazador puede sacar a una foca de un agujero de hielo y arrastrarla hasta un lugar seguro donde pueda alimentarse.

Los osos polares son grandes nadadores. Pueden nadar fácilmente de un bloque de hielo a otro mientras viajan.

19

A LA CAZA

El alimento favorito de los osos polares son las focas. Los osos polares utilizan una **estrategia** llamada caza fija. El oso utiliza su sentido del olfato para detectar la actividad de las focas alrededor de las aberturas en el hielo.

Una foca barbuda en reposo
debe permanecer alerta cuando
los osos polares están cerca.

El oso espera cerca de la abertura, a veces
durante horas, a que una foca salga a respirar
a la superficie. Cuando lo hace, el oso captura
a la foca y la arrastra hacia el hielo.

21

El acecho es otra estrategia de caza del oso polar. Cuando un oso huele una foca descansando en el hielo, comienza a **acechar**. Su camuflaje blanco le ayuda a acercarse sigilosamente. Cuando llega el momento adecuado, el oso ataca y atrapa a la foca antes de que esta pueda deslizarse nuevamente dentro del agua.

Los osos polares no hibernan como los osos pardos. Deben seguir cazando en los duros meses de invierno para mantener su energía y su peso corporal.

HÁBITAT EN RETROCESO

Mientras más engorde un oso polar durante el invierno, más posibilidades tiene de sobrevivir en verano. Esto se debe a que el derretimiento del hielo marino en el verano hace que sea más difícil cazar. Por desgracia, el cambio climático está causando que el hielo marino se derrita, o se reduzca, incluso en los meses de invierno.

Los osos polares dependen del hielo marino para su supervivencia. A medida que su hábitat natural se reduce, su búsqueda de alimentos los acerca a poblaciones humanas. Esto puede ser trágico tanto para los osos como para las personas.

Cuando los osos polares merodean demasiado cerca de las poblaciones humanas, se les dispara un dardo tranquilizante y se les retira, por la seguridad de ellos y de las personas.

¡LOS OSOS ATACAN!

En 2011, un grupo de estudiantes y guías estaban explorando en Noruega. Como estaban en el territorio de los osos polares tomaron precauciones. El grupo tenía una pistola, y para una mayor protección pusieron un cable-trampa alrededor de su campamento. Si un oso tropezaba con el cable, se activaría una bengala para advertir al grupo.

MUCHA GENTE SIGUE VIAJANDO, EXPLORANDO Y ACAMPANDO EN EL ARCHIPIÉLAGO DE SVALBARD, DONDE OCURRIÓ EL ATAQUE DE LOS OSOS.

Por desgracia, el cable-trampa falló. Durante la noche, un hambriento oso polar entró al campamento sin ser detectado. El oso irrumpió en una de las carpas y atacó a varios hombres. El líder del grupo consiguió disparar y matar al oso. Lamentablemente, fue demasiado tarde. El oso mató a un joven e hirió a varios otros.

Los osos polares son los osos más peligrosos del mundo. Afortunadamente, sus interacciones con las personas no son comunes. Viven donde las poblaciones humanas son pocas y distantes entre sí. Los osos polares son agresivos y no temen a los humanos. Si se les da la oportunidad, los osos polares hambrientos cazarán personas. Es por eso que los osos polares son uno de los animales más letales de la Tierra.

Los científicos pueden hacer mediciones de un oso polar de forma segura después de haberle disparado un dardo con una droga que lo hace dormir.

acechar: Observar y mirar a escondidas y con cuidado.

adaptación: Un cambio para encajar mejor.

aparearse: Unirse para reproducirse.

bloque de hielo: Capa de hielo flotante.

camuflaje: Coloración que hace que los animales se parezcan a su entorno.

carnívoros: Que comen carne.

depredadores tope: Animales en lo más alto de la cadena alimentaria.

estrategia: Un plan o método creado para lograr un objetivo.

hábitat: Lugar natural para vivir.

presas: Animales que son cazados por otros para alimentarse.

se adaptaron: Que cambiaron para sobrevivir en las nuevas condiciones.

solitaria: Que le gusta estar sola.

Ártico: 6, 7
cachorros: 12, 13
caza(ado, ando, ador): 5, 14, 19, 20, 22, 24, 28
foca(s): 5, 14, 18–22
hábitat: 6, 24, 25
pelaje: 10, 18
presas: 16
tamaño: 8

Sitios web (páginas en inglés):

https://kids.nationalgeographic.com/animals/mammals/polar-bear

https://kids.sandiegozoo.org/animals/polar-bear

https://polarbearsinternational.org/education-center

ACERCA DE LA AUTORA

Amy Culliford es licenciada en Bellas Artes. Ha trabajado como profesora de teatro en el campo escolar y ha dirigido programas de teatro extraescolares. Evita los animales letales de cualquier tipo.

CRABTREE Publishing Company

Produced by: Blue Door Education for Crabtree Publishing

Written by: Amy Culliford

Designed by: Jennifer Dydyk

Edited by: Tracy Nelson Maurer

Proofreader: Crystal Sikkens

Translation to Spanish: Santiago Ochoa

Spanish-language layout and proofread: Base Tres

Print and production coordinator: Katherine Berti

La autora desea agradecer a David y Patricia Armentrout por su investigación y contribuciones a este proyecto.

Photographs: Cover photo © Krasula/Shutterstock.com, graphic splat on cover and throughout © Andrii Symonenko /Shutterstock.com, page 4 © Ondrej Prosicky/Shutterstock.com, page 5 background photo © murattellioglu, bear © Alexey Seafarer/Shutterstock.com, pages 6-7 background photo © Jan Miko/Shutterstock.com, map © Peter Hermes Furian/Shutterstock.com, page 7 (top) © Erik Mandre/Shutterstock.com, (bottom) © ndrej Prosicky/Shutterstock.com, pages 8-9 background photo © ginger_polina_bublik/Shutterstock.com, page 8 © Olga_i/Shutterstock.com, page 9 (man) © Michal Sanca/Shutterstock.com, bear © evaurban/Shutterstock.com, page 10 © Ondrej Prosicky/Shutterstock.com, page 11 (top) © Mikhail Kolesnikov/Shutterstock.com, (bottom) © breakermaximus/Shutterstock.com, pages 12-19 background photo © murattellioglu/Shutterstock.com, page 12 © Alexey Seafarer/Shutterstock.com, page 13 (top) © jolly_photo/Shutterstock.com, (bottom) © Sergey Uryadnikov/Shutterstock.com, page 14 © Green Mountain Exposure, page 15 (top) © FloridaStock/Shutterstock.com, (bottom) © Mikhail Kolesnikov/Shutterstock.com, page 16 (top) © A. Laengauer/Shutterstock.com, bottom © KARI K/Shutterstock.com, page 17 (top) © Stefan Redel/Shutterstock.com, (bottom) © Unicorn555/Shutterstock.com, page 18 © jo Crebbin/Shutterstock.com, page 19 (top) © miroslav chytil/Shutterstock.com, (bottom) © Maximillian cabinet/Shutterstock.com, page 20 © Geoff Vago/Shutterstock.com, page 21 © Ondrej Prosicky/Shutterstock.com, pages 22-23 background photo © Jan Miko/Shutterstock.com, page 22 © GTW/Shutterstock.com, page 23 © La Nau de Fotografia/Shutterstock.com, pages 24-25 © FloridaStock/Shutterstock.com, inset photo © Andreas Weith https://creativecommons.org/licenses/by-sa/4.0/deed.en, pages 26-27 © Toranote/Shutterstock.com, pages 28-29 background photo © ginger_polina_bublik, page 28 © Thomas Barrat/Shutterstock.com, page 29 (top) © Igor Batenev/Shutterstock.com, (bottom) © Sergey Uryadnikov/Shutterstock.com

Library and Archives Canada Cataloguing in Publication

Title: El oso polar / Amy Culliford ; traducción de Santiago Ochoa.
Other titles: Polar bear. Spanish
Names: Culliford, Amy, 1992- author. | Ochoa, Santiago, translator.
Description: Series statement: Los animales más letales |
Translation of: Polar bear. | Includes index. |
"Un libro de las ramas de Crabtree". | Text in Spanish.
Identifiers: Canadiana (print) 20210283335 |
Canadiana (ebook) 20210283343 |
ISBN 9781039612549 (hardcover) |
ISBN 9781039612600 (softcover) |
ISBN 9781039612662 (HTML) |
ISBN 9781039612723 (EPUB) |
ISBN 9781039612785 (read-along ebook)
Subjects: LCSH: Polar bear—Juvenile literature.
Classification: LCC QL737.C27 C8518 2022 | DDC j599.786—dc23

Library of Congress Cataloging-in-Publication Data

Names: Culliford, Amy, 1992- author.
Title: El oso polar / Amy Culliford ; traducción de Santiago Ochoa.
Other titles: Polar bear. Spanish
Description: New York : Crabtree Publishing, [2022] | Series: Los animales más mortales - un libro de las ramas de Crabtree | Includes index.
Identifiers: LCCN 2021036971 (print) |
LCCN 2021036972 (ebook) |
ISBN 9781039612549 (hardcover) |
ISBN 9781039612600 (paperback) |
ISBN 9781039612662 (ebook) |
ISBN 9781039612723 (epub) |
ISBN 9781039612785
Subjects: LCSH: Polar bear--Juvenile literature. | Dangerous animals--Juvenile literature.
Classification: LCC QL737.C27 C74918 2022 (print) | LCC QL737.C27 (ebook) |
DDC 599.786--dc23
LC record available at https://lccn.loc.gov/2021036971
LC ebook record available at https://lccn.loc.gov/2021036972

Crabtree Publishing Company

www.crabtreebooks.com   1-800-387-7650

Published in the United States
Crabtree Publishing
347 Fifth Avenue
Suite 1402-145
New York, NY, 10016

Published in Canada
Crabtree Publishing
616 Welland Ave.
St. Catharines, Ontario
L2M 5V6

Printed in the U.S.A./092021/CG20210616